I.657
8510

RÉUNION OUVRIÈRE TENUE A LYON

Le 7 Janvier 1883

DISCOURS

DE

M. LAROCHE-JOUBERT

Député de la Charente

ANGOULÊME

IMPRIMERIE CHARENTAISE G. CHASSEIGNAC ET Cie

Rempart Desaix, 26

—

1883

RÉUNION OUVRIÈRE TENUE A LYON

Le 7 Janvier 1883

DISCOURS

DE

M. LAROCHE-JOUBERT

Un grand nombre d'ouvriers de la Croix-Rousse ayant invité M. Laroche-Joubert à aller présider, à Lyon, une réunion populaire bonapartiste, l'honorable député de la 1re circonscription d'Angoulême s'est empressé d'accéder à leur désir.

A cette occasion, M. Laroche-Joubert a prononcé les discours suivants, devant un auditoire de plus de 2,500 personnes :

MES AMIS,
MESSIEURS,

Je vous remercie de l'honneur que vous m'avez fait en m'appelant à présider votre réunion populaire démocratique - bonapartiste. (Très bien!)

J'en ai été tellement touché que je ne me suis pas arrêté devant les inconvénients de toutes sortes que mes intimes et ma famille me signalaient pour ce voyage dans le moment actuel.

Absolument dévoué aux intérêts du plus grand nombre, je me suis senti trop vivement touché par une invitation faite par les travailleurs de Lyon, la capitale de nos provinces françaises, cette ville si industrieuse, cette ruche du travail et des plus rudes labeurs. (Bravos.)

Avant de donner la parole à M. Ponet, l'un des organisateurs de cette réunion si réussie, laissez-moi vous affirmer que je ne me serais pas dérangé s'il se fût agi d'une lutte électorale quelconque, car je ne voudrais, pour rien au monde, que l'on pût me confondre avec un agent électoral en tournée.

On m'a demandé, à ce sujet, si nous dirions quelques mots sur l'élection qui doit avoir lieu dimanche prochain. J'ai répondu que non ; que si j'avais réfléchi qu'il y avait actuellement une période électorale ouverte, j'aurais prié d'ajourner cette réunion ; car notre but est de faire de la politique générale, de la politique de principes, mais, en aucune façon, de nous mêler à une élection qui ne regarde que les électeurs appelés à y prendre part. (Approbation.)

Je refuserais donc formellement la parole à quiconque voudrait parler de cette élection, en quelque sens que ce soit... Sur ce, je donne la parole à M. Ponet. (Applaudissements.)

Après le discours de M. Ponet, M. La-
róche-Joubert cède le fauteuil de la prési-
dence à son premier assesseur de droite et
s'exprime ainsi :

En acceptant de venir présider cette réunion,
j'ai dit que j'en profiterais pour expliquer ceci :
1° Pourquoi je ne suis pas républicain quoique *démocrate et socialiste-libéral;*
2° Pourquoi la coopération, ou la participation de l'ouvrier aux bénéfices du patron, est
le levier le plus puissant pour la production
humaine ;
3° Pourquoi la grève est le plus sot moyen
que les ouvriers puissent employer pour améliorer leur sort.

C'est pour remplir ma promesse que je suis
venu et que j'ai demandé la parole. (Très bien !)

Je dis d'abord que je ne suis pas républicain,
quoique ma vie tout entière prouve que nul
n'est plus démocrate que moi, parce que je
trouve que rien n'est plus difficile que d'attein-
dre au degré de perfection qu'il faudrait pos-
séder pour avoir le droit de prendre, dans le
bon sens du mot, la qualification de républicain. (Assentiment.)

Pas un seul de ceux qui se parent de ce titre
ne me démentira quand je dirai que la république devrait être l'idéal du beau et du su-
blime. Eh bien donc! être républicain c'est être
fait à l'image de cet idéal. Or, qui est-ce qui

oserait dire qu'il connaît quelqu'un qui soit fait à l'image de cet idéal ? (Rires approbatifs.)

Je sais bien qu'il y a une foule de gens qui se disent républicains, mais j'affirme qu'ils ne le sont pas ! Qu'ils soient partisans de la république, je ne le consteste pas, pour un grand nombre au moins (car il n'y en pas mal qui se disent républicains par intérêt et quoique abhorrant la république plus que moi peut-être). (Nouveaux rires.) Mais enfin être partisan de la république et être républicain ne se ressemble pas plus qu'être admirateur des œuvres des plus grands maîtres ou être soi-même un grand maître ! (Rires et applaudissements.)

Pour avoir le droit de se flatter d'être vraiment républicain, il faudrait être imbu de ce précepte : *Charité bien ordonnée commence par les autres.* Or, tous ceux qui disent l'être ont bien plutôt celui-ci : *Charité bien ordonnée commence par mon coco.* (Hilarité générale et applaudissements.)

Aussi, dès que ceux qui se disent républicains arrivent au pouvoir, ils n'ont rien de plus pressé que de tirer toute la couverture de leur côté pour en couvrir leurs parents les plus proches et leurs amis les plus intimes (C'est vrai !), sans se préoccuper de savoir s'ils sont ou non capables de remplir les emplois à leur confier.

Sous prétexte d'*épuration*, ces républicains se hâtent de congédier tous les gens capables et expérimentés qui sont en place et de caser leurs créatures. Ils créent même des em-

plois nouveaux pour pouvoir les mettre tous
en place. (Marques d'assentiment.)

C'est un véritable *ôte-toi de là que je m'y
mette,* dont on est immédiatement témoin.
(Nouvelles marques d'assentiment.)

Aussi qu'en résulte-t-il? On voit toutes les
affaires négligées ou mal faites, et le gaspil-
lage des fonds publics en est la conséquence.
C'est ainsi que nous voyons grossir nos budgets
d'une manière affligeante et augmenter notre
dette de façon à inquiéter les plus optimistes.

Vainement on essaie de déclarer que la république amortit la dette de la France ; j'ai pu
affirmer, plusieurs fois, à la tribune, sans
que nul ait osé me démentir, que nous avons,
pour 1883, 273 millions de plus qu'en 1877 à
payer pour le service des intérêts de la dette.
(Sensation.)

Comme membre de la commission des
comptes de 1870 à 1878, j'ai pu le constater
les budgets en mains ; mes chiffres ne pou-
vaient donc pas êtres réfutés, et c'est pourquoi
ils ne l'ont pas été. (Applaudissements.)

273 millions d'intérêt de plus à payer repré-
sentent une augmentation de 6 milliards de la
dette publique, et cela en six ans ; ce qui
prouve que la république endette la France
d'un milliard par an, sans compter l'augmentation (relativement non moins effrayante) de
celle afférente aux départements et aux com-
munes. (Mouvement.)

Cet état de choses est réellement affligeant ;
il entr'ouvre un abîme insondable!

Je ne dis pas que la France ne soit pas en

état de satisfaire aux charges si colossales que cela lui crée, sa force de production est assez puissante pour y parvenir ; mais j'estime qu'il est grand temps de cesser de marcher dans cette voie fatale, si l'on ne veut pas rendre la culbute inévitable. (Assentiment.)

Et c'est parce que tout cela est l'œuvre de ceux qui se disent républicains que je me garde bien de prendre ce titre, qui me créerait une part de responsabilité que je repousse absolument. (Bravos et applaudissements.)

Cependant je suis démocrate; je le suis depuis que j'existe, depuis que je pense. Et voici comment cela m'est venu.

D'abord, permettez-moi, messieurs, une petite explication. Vous allez peut-être trouver étrange que je vous entretienne de ma personnalité, comme je vais être obligé de le faire ; mais, pour arriver à la démonstration des mérites de la coopération, je serai bien forcé de parler de ce que j'ai fait, puisque je ne connais pas d'exemple aussi pratique de l'excellence du système.

Je vous prie donc de ne voir dans ce que je vais vous dire aucun sentiment de vanité personnelle, mais tout simplement l'expression de mon ardent désir d'être utile *au plus grand nombre*, que j'aime tant ! (Nouveaux applaudissements.)

Chacun sait que je suis l'enfant de mes œuvres. J'ai commencé très bas ; sans être arrivé bien haut, il n'y a pas de comparaison entre ma position actuelle et celle de mes débuts. Je n'ai jamais été un ouvrier dans le véritable sens du mot, mais, comme fils d'un tout petit fabricant de papier, j'ai dû travailler avec et tout comme les ouvriers, depuis l'âge le plus tendre. Voici pourquoi.

Ma grand'mère, qui, comme mon père, mon fils et moi, fabriquait du papier, est devenue veuve à quarante-cinq ans, ayant dix-huit enfants à élever. Mon père était l'un de ces dix-huit enfants, c'est vous dire qu'il n'avait pas de fortune ; il avait lui-même huit enfants; cela ne lui permettait pas de les élever sans les faire travailler. (Très bien !)

Mon contact permanent avec les ouvriers, pendant toute ma jeunesse, m'a appris à les connaître et à les apprécier. Grâce à cela, j'ai pu constater chez eux des sentiments tels que j'ai toujours éprouvé pour eux la plus vive affection, *affection que l'injustice de quelques-uns à mon égard n'altérera jamais.* (Bravos.) J'ai pu, en même temps, connaître leurs besoins, leurs aspirations, et dès qu'il m'a été donné de pouvoir entrer dans une voie que je savais capable de les satisfaire, je me suis hâté de le faire. (Approbation.)

Je ne les ai guère quittés; sauf les quelques heures par jour que je consacrai d'abord à l'école primaire et les quelques mois que j'ai passés, pendant deux ans, dans une pension de la ville d'Angoulême, je suis resté au milieu d'eux, travaillant comme eux, jusqu'à l'âge de vingt ans, âge auquel j'ai été émancipé pour signer l'acte de la première société dans laquelle j'ai été admis en qualité de gérant.

Nous étions alors en 1840. Au début de ma

gérance, j'étais trop jeune pour songer à imposer mes idées à mes associés, mais j'ai commencé tout de suite une propagande active auprès d'eux en faveur de mes idées sociales. C'est ainsi qu'en 1847, à la suite des troubles de Buzançais et autres, qui impressionnèrent si vivement le pays, je pus commencer à en faire accepter une première application. (Applaudissements.)

J'avais souvent entendu les ouvriers tenant ce langage : « Quand la matière première devient chère, le patron peut augmenter le prix de ses produits pour se récupérer de sa dépense supplémentaire ; mais nous, les travailleurs, quelque prix que vaille le pain, notre matière première à nous, on ne nous paie pas davantage ; nous sommes forcés de nous endetter quand le pain est cher, et cela nous gêne pour de longues années ; cela n'est pas juste. »

Donc, dès 1847, je décidai mes associés à rembourser aux ouvriers tout ce que le pain de ménage leur coûtait de plus de 30 centimes le kilogramme.

Depuis ce temps-là, ils ne l'ont jamais payé plus de trois sous la livre.

La somme que nous avons déboursée pour cela depuis 1847 est considérable, car le pain a bien souvent dépassé 30 centimes le kilogramme.

Je suis persuadé, cependant, que nous n'en avons pas été victimes, grâce à la reconnaissance des travailleurs, qui nous en ont récompensé par un zèle que j'ai très souvent constaté. (Approbation.)

Bien persuadés de cela, mes associés me permirent, à quelque temps de là, d'entrer dans la voie de la participation.

Cela fut fait bien timidement d'abord ; mais comme le zèle de notre personnel faisait produire un bénéfice supplémentaire supérieur à ce qui était accordé aux travailleurs, mes associés me laissèrent carte blanche, et je pus, enfin, introduire la participation et la coopération dans toutes nos usines, dans tous nos ateliers, sous mille formes diverses, depuis la part aux employés supérieurs jusqu'à celle réservée aux plus modestes salaires et aux plus petites économies.

Plus la coopération a été étendue, plus il y a eu à s'en féliciter dans l'intérêt de tous. (Longs applaudissements.)

De ses économies chaque travailleur est, chez nous, libre d'en faire ce que bon lui semble, car mon genre de libéralisme ne me permet pas de considérer les ouvriers comme des mineurs perpétuels. (Très bien !)

Je crois que quand ils savent gagner, ils savent épargner et conserver.

Ils ont donc le droit de placer et de retirer leurs économies à volonté, soit qu'elles proviennent de leur salaire fixe, qui, chez nous, est toujours égal au plus élevé payé par nos concurrents, soit qu'elles résultent de la participation aux bénéfices de l'entreprise à laquelle ils sont attachés. (Nouvelles approbations.)

Et savez-vous, Messieurs, combien il en est qui ne laissent pas leurs économies dans nos mains ? Un pour cent tout au plus.

Ces économies, jusqu'à 2,000 fr., leur don-
nent droit à 5 0/0 d'intérêt (lors même qu'il y
aurait de la perte), et, en plus, quand il y a
profit (jusqu'ici, plus ou moins, il y en a toujours eu), à prendre part à la répartition an-
nuelle des bénéfices au-dessus de 5 0/0, tout
comme s'ils étaient des actionnaires ou des
commanditaires de la maison.

La seule différence qu'il y a, c'est que, ne
concourant pas aux pertes, ils n'ont aucun
droit sur le fonds de réserve.

Passé 2,000 fr., ils sont admis à transformer
leur dépôt en commandite.

Nous leur faisons toujours place, en retirant
de la société autant qu'ils ont à y mettre en
commandite, pour que le capital reste le même,
quelle que soit la somme qu'ils y ajoutent.

A partir de ce moment-là, ils ne peuvent plus
retirer leur mise qu'à l'expiration de la société;
et alors ils concourent aux bénéfices, aux
pertes et au fonds de réserve.

Nous nous sommes si souvent retirés pour
leur faire place, nous et nos principaux commanditaires, que le personnel lui-même a actuellement plus de trois millions dans notre
capital social de quatre millions et demi. J'es-
père qu'à l'expiration de la société actuelle,
dans six ou sept ans, ils auront tout le capital
social, et ce sera le plus beau jour de ma vie!
(Applaudissements.)

Ainsi se trouvera réalisé pacifiquement et
pratiquement le rêve de ceux qui veulent que
l'usine et l'outil appartiennent au travailleur.
(Nouveaux applaudissements.)

Cela leur appartiendra dans des proportions plus ou moins importantes pour chacun, selon qu'ils auront plus ou moins de temps de service dans la société, qu'ils auront été plus ou moins économes ou bien portants, car la maladie en paralyse trop souvent quelques-uns; selon, enfin, qu'ils auront été plus ou moins capables, car tous ne sont pas également doués par la nature, moralement et physiquement.

Quelques journalistes ont prétendu qu'il n'y avait que les gros bonnets qui prissent une part appréciable aux bénéfices; c'est absolument faux, tous en profitent, et les plus gros coopérateurs ont commencé par être tout petits.

Il en est décédé un, il y a deux ou trois ans, qui avait mon âge; il travaillait avec moi depuis mon enfance; contrairement à mon avis, il s'est retiré, il y a trois ans. pour vivre de ses revenus. L'habitude du travail lui a rendu l'oisiveté fatale; il en est mort rapidement. Il avait commencé par un poste de 8 francs par mois, il y a cinquante-cinq ans; il gagnait 40 francs par mois à trente ans; et, bien qu'il soit resté sept ans sous les drapeaux, il a laissé une succession de 125,000 francs à sa fille unique, qui, elle, n'a jamais travaillé qu'à s'instruire. C'est que, quoique peu instruit, il était très intelligent, très travailleur, et qu'il était, par suite, arrivé depuis vingt-cinq ans, à un poste important de chef de service. (Applaudissements.)

Ils sont assez nombreux ceux qui font plus ou moins ainsi dans notre maison. Nos livres en font foi.

La coopération a produit de si bon résultats pour tous que je l'ai appliquée jusqu'à la clientèle de la maison, à laquelle une part des profits est réservée et annuellement répartie au marc le franc du montant de leurs achats annuels, à la seule condition qu'ils aient osé écrire et signer : *J'adhère à la Papeterie coopérative d'Angoulême.* (Approbation.)

Cette coopération nous procure la préférence en temps de calme dans les affaires, et cela permet à nos ateliers de fonctionner quand bien d'autres chôment.

La coopération des travailleurs stimule si bien leur zèle qu'ils produisent plus et mieux, parce qu'ils savent que plus et mieux ils feront, plus ils gagneront.

Si quelques-uns ne sont pas capables de bien comprendre, ceux qui sont plus intelligents, qui sentent qu'ils seraient victimes de la négligence des premiers, les stimulent ; si bien que l'on peut dire que nous avons autant de surveillants que de travailleurs. (Très bien !)

S'il en était autrement, je n'aurais pas pu quitter la maison pour la Chambre, pour la politique. Je n'aurais pas voulu laisser à mon fils *unique* la tâche si rude de gouverner à lui seul un si nombreux personnel, occupé à des travaux si multiples, si délicats et si minutieux.

Heureusement, mon fils a déjà hérité de mes sentiments en faveur des ouvriers ; aussi ceux-ci, *qui le savent bien,* l'aiment-ils comme moi-même, et ne lui laissent ils que la peine de leur prodiguer des conseils partout où les intérêts sont engagés, ce dont il s'acquitte, du reste, avec un zèle et une intelligence que je considère comme une récompense précieuse pour le peu que j'ai fait en faveur *du plus grand nombre*. (Applaudissements.)

Ayant souvent entendu prétendre que la coopération ne pouvait pas s'appliquer à l'agriculture, j'ai tenu à prouver le contraire : j'ai acheté la propriété la plus délabrée que j'ai pu trouver; j'y ai organisé la coopération comme dans la Papeterie coopérative d'Angoulême; j'ai fait imprimer les règlements sur les livrets des travailleurs.

Au nombre des bénéfices acquis figure l'augmentation de la valeur de la propriété, résultant de l'amélioration y apportée par les efforts des coopérateurs. (Vive approbation.)

Depuis moins de trois ans que cette propriété est ainsi exploitée, elle est métamorphosée; c'était la plus négligée du pays, celle qui paraissait la plus inculte; et, déjà, bien que je n'y sois pas allé dix fois, elle est bien plus belle que toutes les autres au point de vue de la fertilité. (Mouvement.)

Les blés qui y ont été récoltés l'année dernière étaient si beaux que l'on n'a pas voulu croire que je n'avais pas fait venir des semences exotiques; tous les voisins voulaient en avoir pour en ensemencer leurs champs.

D'ici deux ans, j'en suis convaincu, cette propriété aura doublé de valeur, grâce au système coopératif. (Très bien ! très bien !)

Croyez-moi, mes amis, la coopération est l'unique moyen d'améliorer le sort des tra-

vailleurs au lieu de la grève, qui ne saurait produire que des ruines ; c'est en faveur du système coopératif que tous doivent agir.

J'ai, maintes fois, proposé aux Chambres de voter des lois capables d'en opérer le développement. On m'a constamment refusé et renvoyé à l'initiative individuelle.

J'ai voulu en essayer de l'initiative individuelle ! J'ai fondé, dans ce but, à Paris, une société dite le « *Crédit coopératif français* », qui n'a d'autre objet que celui-ci : procurer, à titre de commandite, à tous ceux qui justifient qu'ils sont parfaitement honnêtes, qu'ils ont l'intelligence et la compétence de ce qu'ils veulent entreprendre, ainsi que l'amour absolu du *travail,* de l'*ordre* et de l'*économie,* le capital qui leur manque, soit pour s'établir, soit pour élargir leurs opérations s'ils sont déjà établis.

Cette société exige seulement que les sociétés qu'elle organise fassent participer le personnel à ses bénéfices. (Approbation.)

Elle a commencé avec un million de capital dont un quart seulement versé.

Il est aisé de comprendre que la faible somme dont cela m'a permis de disposer (et j'en ai fourni une bonne partie) a été bien vite absorbée par les demandes.

Malgré toutes nos précautions, nous avons eu quelques déceptions, inséparables de tout début d'affaires aussi nouvelles. J'ai cependant des raisons de croire que cette entreprise réussira ; mais cela demandera du temps, car il faudra prouver, — par les résultats que donneront les quelques bons travailleurs que nous

avons commandités, — qu'elle peut devenir
fructueuse. D'ici là, impossible d'obtenir une
augmentation de capital; or, un fort capital
est indispensable pour le but à remplir.

Vous voyez, mes amis, que l'initiative individuelle est bien lente, et que si l'Etat était,
avec ses ressources immenses, chargé d'appliquer cette idée, cela irait bien plus vite. (Assentiment.)

*Au lieu donc de se mettre en grève, j'estime
que les ouvriers feraient mille fois plus sage-
ment de faire de la propagande dans le sens
de mes idées coopératives.*

*S'ils comprenaient bien leurs intérêts, ils
imposeraient la coopération à tous les candi-
dats qui sollicitent leurs suffrages et ne vote-
raient pour aucun de ceux qui ne leur pro-
mettraient pas d'y pousser le gouvernement.*
(Mouvement.)

J'ai dit, lors de la grève du Creuzot, en 1868
ou 1869, à la tribune française : « Il y a trois
« éléments qui concourent au succès de toute
« entreprise : l'intelligence, qui conçoit, crée
« et dirige ; le capital, qui est le nerf de tout,
« et le travail, sans lequel on ne saurait rien
« faire. Tant que l'on ne récompensera pas ces
« trois éléments en raison des services rendus
« par chacun d'eux, on pourra étouffer les
« grèves, mais on ne les empêchera pas de re-
« naître. »

Je n'ai pas changé d'avis depuis ce temps-là.

Eh bien ! il faut travailler à ce que ce con-
seil, déjà assez ancien, soit enfin suivi ! (Très
bien.) Cela permettra à nos usines françaises

de lutter contre toutes les concurrences, tandis que par la grève on n'obtient que des résultats détestables. (Applaudissements.)

Les ouvriers y perdent leur temps quand ils n'y perdent pas l'honneur ou la vie. Si les patrons cèdent, ils sont obligés d'augmenter leurs produits; dans ce cas, ils ne peuvent plus lutter avec l'étranger. *Au lieu de pouvoir exporter leurs produits, ils en voient importer de similaires; leurs usines sont réduites au chômage et les ouvriers à manquer de pain pour eux et pour leurs familles* (Assentiment), pour leur famille qui est la mienne, messieurs, car j'ai toujours considéré que j'ai trois familles: 1° *ma famille civile,* que j'aime bien et qui me le rend amplement; 2° *la Papeterie coopérative d'Angoulême,* qui est ma fille et que j'aime bien aussi: 3° enfin *le plus grand nombre,* en faveur duquel j'ai lutté et je lutterai toute ma vie! (Applaudissements unanimes et bravos prolongés.)

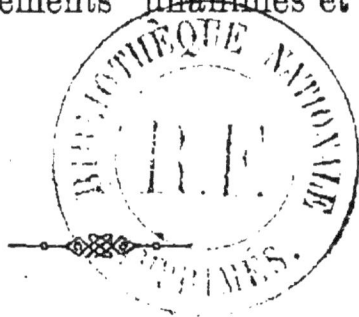

Angoulême. — Imp. G. CHASSEIGNAC et Cⁱᵉ.

www.ingramcontent.com/pod-product-compliance
Lightning Source LLC
Chambersburg PA
CBHW050459210326

41520CB00019B/6272